GUIA PRÁTICO DE

DIREITO

ELEITORAL

INFORMAÇÕES RÁPIDAS, ATUALIZADAS E SEGURAS SOBRE AS ELEIÇÕES 2024

RENATO RIBEIRO DE ALMEIDA

RENATO RIBEIRO DE ALMEIDA

Coordenador Acadêmico da Academia Brasileira de Direito Eleitoral e Político (ABRADEP). Diretor do Instituto Luiz Gama. Doutor em Direito pela Universidade de São Paulo. Mestre em Direito Político pela Universidade Presbiteriana Mackenzie. Membro da Comissão Estadual de Direito Eleitoral da OAB-SP. Professor de diversos cursos de pós-graduação em Direito Eleitoral. Advogado fundador de Ribeiro de Almeida & Advogados Associados.

Prefácio

VÂNIA SICILIANO AIETA

Coordenadora Geral da Academia Brasileira de Direito Eleitoral e Político (ABRADEP), Professora do Programa de Pós-Graduação em Direito da Faculdade de Direito da UERJ, Doutora em Direito Constitucional pela PUC-SP, com estágio pós-doutoral em Direito Constitucional pela Universidade de Santiago de Compostela, Espanha, e pela PUC-Rio, Brasil. Mestre em Teoria Geral do Estado e Direito Constitucional pela PUC-Rio. Visiting Researcher na Universidade de Santiago de Compostela, Espanha e Visiting Scholar na Universitá Unitelma Sapienza, Roma, Itália. Presidente da ESDEL (Escola Superior de Direito Eleitoral). Membro do IBRADE (Instituto Brasileiro de Direito Eleitoral). Líder dos grupos de pesquisa no CNPQ Observatório do Direito Eleitoral e Neuromarketing e Psicometria Eleitoral.

Revisão Técnica

KALEO DORNAIKA GUARATY

Mestre em Direito pela Universidade de São Paulo (Faculdade de Direito de Ribeirão Preto). Membro da Academia Brasileira de Direito Eleitoral e Político.

Sinto-me sobremodo feliz com o honroso convite manifestado pelo ilustre Prof. Dr. Renato Ribeiro de Almeida para prefaciar esse trabalho, atualizado para as eleições de 2024, que trará importante colaboração para expressivo contingente de operadores do Direito Eleitoral.

O inesquecível Professor André Franco Montoro afirmava, em suas aulas, que é exatamente no município que se decidem os destinos do país e as condições de vida da população. Costumava o saudoso professor da PUC-SP a utilizar a tão conhecida observação de Brecht, conclamando:

> *"O pior analfabeto é o analfabeto político. Ele não sabe que o custo de vida, o preço do feijão, da farinha, do aluguel, do sapato e do remédio dependem das decisões políticas".*

Sabemos todos que o sistema brasileiro de tomada de decisões políticas ainda apresenta defeitos marcantes, oriundos de uma longa e profunda tradição autoritária, centralizadora e elitista. Entre as tantas mazelas que assolam o sistema, pode-se apontar: a centralização unipessoal do poder, o sistema eleitoral defeituoso, a má organização partidária e a desproporção na representatividade política dos estados federados no Poder Legislativo.

O poder unipessoal centralizado deu origem à máxima política do *"poder da caneta"*, geratriz de muitas deformações e injustiças na *res publica* brasileira, tanto em nível federal, como estadual e municipal.

Há de se salientar, também, que a concentração de poder político propiciou em nosso país uma ambiência conjuntural favorável para o clientelismo, a corrupção e o desvio de recursos públicos. A conquista do poder passou a ser um negócio, de natureza privada, desprezando-se o elemento finalístico do Estado, fazendo surgir ambições políticas e financeiras de má-fé, o que gera inevitáveis embates eleitorais. A conjuntura de enfrentamento à utilização criminosa da inteligência artificial, nessas eleições, acentua a problemática, visto que essa nova e revolucionária tecnologia tem sido usada por malfeitores para o cometimento de ilícitos no Brasil e em outras democracias ao redor do mundo.

Convivemos com uma necessidade permanente de reformas em matéria eleitoral com fins de buscarmos a ampliação da democracia representativa para que as legítimas demandas da sociedade possam se sedimentar. As reformas se fazem necessárias quando as estruturas já estão superadas, ou não conseguem se concatenar com as novas exigências da realidade política.

Vê-se, pois, que o presente livro do jurista Dr. Renato Ribeiro de Almeida, que hoje se notabiliza como um respeitado estudioso do Direito Eleitoral, reveste-se de flagrante atualidade. Mercê da exposição segura e dos superiores conhecimentos de autor na matéria, creio vaticinar que o mesmo está destinado a oferecer uma preciosa contribuição para as eleições de 2024.

Por tudo isso, prefaciá-lo muito me honra e desvanece.

VÂNIA SICILIANO AIETA

Coordenadora Geral da Academia Brasileira de Direito Eleitoral e Político (ABRADEP), Professora do Programa de Pós-Graduação em Direito da Faculdade de Direito da UERJ, Doutora em Direito Constitucional pela PUC-SP, com estágio pós-doutoral em Direito Constitucional pela Universidade de Santiago de Compostela, Espanha, e pela PUC-Rio, Brasil. Mestre em Teoria Geral do

Estado e Direito Constitucional pela PUC-Rio. Visiting Researcher na Universidade de Santiago de Compostela, Espanha e Visiting Scholar na Università Unitelma Sapienza, Roma, Itália. Presidente da ESDEL (Escola Superior de Direito Eleitoral). Membro do IBRADE (Instituto Brasileiro de Direito Eleitoral). Líder dos grupos de pesquisa no CNPQ Observatório do Direito Eleitoral e Neuromarketing e Psicometria Eleitoral.

O Direito Eleitoral é a ferramenta pela qual candidatos e partidos atingem seus objetivos. Tanto é assim, que sua relevância para a sociedade e para a democracia justifica a existência de uma justiça especializada, incumbida da importante tarefa de lidar com questões basilares de um Estado Democrático de Direito. No regime democrático de direito, cabe decidir-se não pela simples legalidade do mandato, mas também é mister que se discuta sua legitimidade, consolidando os mandamentos constitucionais da cidadania, soberania popular, sufrágio universal e os princípios republicanos e federativos.

Com as reformas eleitorais, todas pessoas do meio jurídico, bem como os cidadãos, precisam se atentar para as mudanças nos pleitos seguintes. Esta obra busca sintetizar experiências acadêmicas de pesquisas e exercício da docência em cursos de graduação e pós-graduação à vivência prática de uma combativa advocacia na seara eleitoral no escritório **Ribeiro de Almeida & Advogados Associados**.

De modo direto, mas sem renunciar ao rigor técnico, o manual apresenta as correntes doutrinárias e jurisprudenciais em cada um dos temas desenvolvidos, com profunda pesquisa bibliográfica e julgados atualizados.

Esse guia é voltado ao uso do dia a dia, sanando as principais dúvidas e oferecendo informações úteis, rápidas e seguras aos candidatos, dirigentes partidários, servidores da Justiça Eleitoral, advogados, membros do Ministério Público Eleitoral, magistrados e a todos os cidadãos brasileiros, cada vez mais politizados e atentos aos temas aqui debatidos.

Já aos interessados em ter um guia em verbetes, como ocorrem nos dicionários, é também recomendável a aquisição da obra Participe! Eleições, Partidos Políticos e Ideologias de A a Z, escrito por mim, em coautoria com o Prof. Dr. André Ramos Tavares. O livro foi editado pela Editora Liquet e está disponível para aquisição na Amazon.

E para aqueles que dispõem de tempo para um estudo mais aprofundando e rigoroso do Direito Eleitoral, com imersão mais acentuada nos grandes e polêmicos temas, recomenda-se a o livro Direito Eleitoral - 2ª Edição, 440 páginas, escrito por mim e comercializado pela Editora Quartier Latin, igualmente disponível para compra na Amazon e nas principais livrarias de todo o Brasil.

Boa leitura. Fraternal abraço!

Renato Ribeiro de Almeida

Fale com o autor: *renato@ribeirodealmeida.adv.br*

Índice

Informações Iniciais

DATA DAS ELEIÇÕES DE 2024

Serão realizadas no dia **6 de outubro**, simultaneamente em todo o país, no primeiro turno. O segundo turno, onde houver, será realizado no dia **27 de outubro**.

CONSULTAS POPULARES

Em alguns Municípios o eleitor deverá responder, por meio da votação na urna eletrônica, questionamentos sobre **questões locais**.

As manifestações contrárias e favoráveis sobre o assunto da votação são livres e ocorrerão do mesmo período da campanha eleitoral.

SISTEMAS INFORMATIZADOS PARA AS ELEIÇÕES

Desde 2000 são utilizadas **urnas eletrônicas** e, cada vez mais, a Justiça Eleitoral têm avançado nos aprimoramentos de eficiência, segurança e transparência dos sistemas informatizados de votação.

Em 2024 serão utilizadas urnas do novo **modelo UE2022**, que contam com um **processador mais potente** e possuem perímetro criptográfico certificado pela Infraestrutura de

Chaves Públicas Brasileira (ICP Brasil) e mecanismo de criptografia aprimorado, com o uso do algoritmo criptográfico do tipo E521 (ou EdDSA), considerado um dos mais apurados do mundo.

TESTE DE CONFIRMAÇÃO

Entre os dias 15 e 17 de maio de 2024 haverá o Teste de Confirmação.

O evento ocorre sede do TSE, em Brasília, oportunizando aos investigadores participantes do Teste Público de Segurança da Urna (TPS), ocorrido no período de 27 de novembro a 2 de dezembro do ano passado, voltarem ao Tribunal para conferir se as soluções aplicadas pela equipe técnica foram suficientes para corrigir os achados encontrados durante a realização do TPS.

Alterações relevantes de 2024

FABRICAÇÃO E MANIPULAÇÃO DE CONTEÚDO

Torna-se obrigatório informar explicitamente a utilização de conteúdo fabricado ou manipulado em qualquer modalidade de propaganda eleitoral.

É considerada manipulação a criação ou a edição de conteúdo sintético que ultrapasse ajustes destinados à melhoria da qualidade do material.

Fica proibida a veiculação de conteúdo fabricado ou manipulado de fatos sabidamente inverídicos ou gravemente descontextualizados com potencial de desequilibrar o pleito ou a integridade do processo eleitoral, inclusive na forma de impulsionamento.

IMPULSIONAMENTO NA PRÉ-CAMPANHA

O impulsionamento de conteúdo político-eleitoral será autorizado durante a pré-campanha desde que sejam observadas a moderação e a transparência dos gastos com o serviço. Pela jurisprudência do TSE, recomenda-se que o total de gastos das pré-campanha, inclusive os impulsionamentos, não ultrapassem o valor correspondente a 10% do valor da campanha. É conveniente lembrar que os gastos com a pré-campanha não constam da prestação de contas de campanha.

O **pedido explícito de votos** continua proibido na fase de pré-candidatura.

A **propaganda negativa** é vedada tanto no impulsionamento quanto na priorização paga de conteúdos em aplicações de busca, como, por exemplo, o Google.

LIVES ELEITORAIS

É lícita a **transmissão digital** para promover a candidatura, desde que não transmitida em sites de pessoas jurídicas.

Porém deve-se atentar para o tratamento de dados sensíveis, sendo vedado **criar perfis** com a intenção de direcionar, de modo segmentado, propaganda eleitoral **sem o consentimento específico e destacado do titular.**

CRITÉRIOS PARA FRAUDE EM COTA DE GÊNERO

O TSE pacificou o entendimento de que as fraudes em cotas de gênero são demonstradas mediante a:

- obtenção de votação zerada ou irrisória;
- prestação de contas com idêntica movimentação financeira; e
- ausência de atos efetivos de campanha em benefício próprio.
- parentesco entre candidatos ao mesmo cargo, sem prova de animosidade entre eles.

Desde as eleições municipais de 2016, centenas de ações judiciais eleitorais foram julgadas e diversos foram os vereadores que tiveram o diploma cassado devido à prática da fraude em cota de gênero. Portanto, é altamente recomendável que os dirigentes somente inscrevam como candidatas escolhidas em convenções partidárias mulheres que efetivamente sejam candidatas e que pretendam realizar todos os atos de campanha eleitoral.

É sempre bom lembrar que a Lei n. 9.504/97 exige o percentual mínimo de 30% e máximo de 70% para cada gênero.

Lutar por efetiva maior participação feminina nas eleições é tarefa de homens e mulheres. Atualmente, o Brasil conta com apenas 18% de mulheres no Congresso Nacional. Realidade muito distante de países como Espanha e México, onde a lei exige paridade de gênero na distribuição das cadeiras.

Escolha de Candidatos e Convenções Partidárias

Todos os brasileiros filiados a partidos políticos, brasileiros, maiores de **18 anos** para a disputa do cargo de Vereador e maiores de **21 anos** para o cargo de Prefeito.

Para concorrer às eleições, o candidato deverá possuir **domicílio eleitoral** na respectiva circunscrição e estar filiado a partido político pelo prazo de **6 (seis) meses** antes do pleito, ou seja, antes do **dia 6 de abril de 2024**.

> **Esteja atento:** consulte um advogado eleitoralista caso tenha dúvidas sobre as condições de elegibilidade e hipóteses de inelegibilidade (especialmente condenações criminais ou por improbidade administrativa).

O QUE É DESINCOMPATIBILIZAÇÃO?

Os pré-candidatos devem estar atentos a necessidade de se **desincompatibilizar**. Significa afastar-se de cargos que podem conferir uma vantagem indevida no pleito, evitando o uso da estrutura e de recursos públicos.

Cargo ou função	Prazo para Vereador	Prazo para Prefeito
Servidores públicos, estatutários ou não, dos órgãos da administração direta ou indireta	3 meses	3 meses
Delegado de Polícia	6 meses	6 meses
Empregado de empresa pública ou sociedade de economia mista	3 meses	3 meses
Escrivão de Delegacia de Polícia e Investigador	3 meses	3 meses
Médico na rede pública	3 meses	3 meses
Médico de hospital privado que recebe remuneração proveniente do SUS	Desnecessidade	Desnecessidade
Professores e servidores da rede pública	3 meses	3 meses
Servidores em geral	3 meses	3 meses
Assistente Social	Desnecessidade	Desnecessidade
Dirigente de Entidade que mantenha contrato com o poder público ou sob seu controle, salvo contrato com cláusulas uniformes	4 meses	6 meses
Defensor público	6 meses	4 meses
Estagiário de órgão público	Desnecessidade	Desnecessidade
Dirigente sindical	4 meses	4 meses
Magistrado	6 meses	4 meses
Parlamentar	Desnecessidade	Desnecessidade
Secretário de Estado	6 meses	4 meses
Presidente de festa popular	Desnecessidade	Desnecessidade
Membros do Conselho Tutelar	3 meses	3 meses
Ocupante de cargo de direção no poder legislativo estadual que atua como ordenador de despesas	3 meses	3 meses
Servidor público ocupante de cargo em comissão em geral	3 meses	3 meses
Vice-prefeito que não substituiu o titular nos 6 meses nem o sucedeu	Desnecessidade	Desnecessidade para titular; desnecessidade para vice
Vice-prefeito que sucedeu o titular	6 meses	Desnecessidade para titular; 6 meses para vice
Vice-prefeito que substituiu o titular nos 6 meses anteriores à eleição	Desnecessidade	Desnecessidade

O que é a Janela Partidária?

Ao longo do mandato, os vereadores não podem sair dos partidos pelos quais foram eleitos, sob pena de perder o mandato. No entanto, entre **7 de março e 5 de abril**, acontece a chamada janela partidária, período em que vereadoras e vereadores poderão trocar de partido para concorrer às eleições sem qualquer sanção e podendo manter-se no mandato.

Já posso começar a arrecadar recursos?

Geralmente, as movimentações de recursos só têm início após as convenções. Porém, é possível que os pré-candidatos iniciem o **financiamento coletivo** de campanha a partir de15 de maio. É uma estratégia para reunir recursos financeiros e dar início à divulgação da candidatura desde que não façam pedidos de voto.

Apresente-se na Convenção Partidária

Os partidos políticos realizam reuniões para a deliberação de seus assuntos internos. São as chamadas convenções. Podem acontecer a qualquer tempo quando tratam de assuntos e resoluções diversas. Porém, **entre 20 de julho e 5 de agosto**, há um tipo especial de convenções na qual os pré-candidatos devem estar presentes. É a convenção para a escolha dos candidatos que disputarão as eleições.

As convenções partidárias são públicas, o que significa que **todos podem participar**, ainda que não filiados. Podem, além disso, ocorrer em mais de uma sessão, uma vez que não se resolvam todos os assuntos em um único encontro. O requisito imposto legalmente é o de que todas as assembleias **possuam ata, a qual constará formalmente tudo o que for decidido na convenção**, especialmente a ocorrência de coligação, nome dos candidatos escolhidos, cargo pretendido e número. Em até 24 horas do término da Convenção, a ata deverá ser levada à Justiça Eleitoral.

Esse formalismo legal busca impedir que partidos lancem candidatos "de surpresa", comprometendo a equanimidade. A lavratura da ata irá compor um documento chamado **DRAP (Demonstrativo de Regularidade dos Atos Partidários)**, necessário ao registro do candidato.

As atas de convenção para a escolha de candidatos devem ser lavradas em livro próprio e que esteja **rubricado com antecedência pelo Juiz da Zona Eleitoral** responsável pela eleição.

As agremiações têm até **15 de agosto** para registrar os nomes na Justiça Eleitoral.

COMO É FEITA A ESCOLHA DOS CANDIDATOS NAS CONVENÇÕES?

O estatuto dos partidos precisa seguir princípios democráticos e da isonomia, garantindo a todos os filiados a possibilidade de acesso à disputa eleitoral. Muito embora os critérios de escolha sejam considerados **matéria interna** ao partido - ou seja, não há lei que indique como os candidatos devem ser escolhidos -, Justiça Eleitoral já anulou indicações de candidatos em razão de violação de princípios constitucionais.

Assim, a escolha em convenção deve seguir regras democráticas, com **igual oportunidade de fala e manifestação.**

MULHERES NA POLÍTICA

A partir de 2009 foi adicionado o parágrafo 3º ao artigo 10 da Lei n. 9.540/1997, o qual determina que cada partido ou coligação deve preencher sua lista de candidatos indicados ao pleito com a **proporção de 70 e 30% para cada sexo**, sempre arredondando as frações para o inteiro positivo maior.

Este artigo, além de outros como aqueles que dispõem sobre a proporcionalidade de recursos financeiros e do tempo de propaganda, são marcos históricos na luta por representatividade feminina nos cargos políticos.

Não observar a proporção mínima leva ao **indeferimento do DRAP** e, consequentemente, **à impossibilidade do partido lançar candidaturas.**

Esteja atento: eventuais atos ilícitos, atentatórios à dignidade ou irrazoáveis, ocorridos durante a convenção, devem constar na ata que será levada à apreciação judicial, como forma de garantia da legitimidade de escolha dos candidatos e candidatas.

Quantos candidatos cada partido pode lançar? E quantas candidatas?

Cada partido político ou coligação poderá requerer registro de um candidato a Prefeito com seu respectivo Vice para cada Município. De acordo com a Lei n. 14.211/2021, cada partido político ou federação poderá registrar candidatos para a Câmara de Vereadores no total de até **100% +1** do número de lugares a preencher. O número de lugares varia de acordo com a população do Município e pode ser consultado na <u>Tabela Anexa 1</u>.

Por exemplo, na cidade de São Paulo estarão em disputa 55 cadeiras nas eleições municipais de 2024. Por essa regra, cada partido poderá lançar 56 candidaturas.

Esteja atento: As regras de escolha dos candidatos e candidatas devem obedecer aos estatutos dos partidos.

Caso não seja indicado o número máximo de candidatos, os órgãos de direção dos respectivos partidos políticos poderão preencher as vagas remanescentes, requerendo o registro até **30 (trinta) dias antes do pleito.**

Confira: Na ata a ser entregue à Justiça Eleitoral deverá constar a relação dos candidatos escolhidos em convenção com a indicação do cargo para o qual concorrem, o número atribuído conforme os arts. 14 e 15 desta Resolução, o nome completo, o nome para urna, a inscrição eleitoral, o CPF e o gênero.

A correta proporção será analisada por meio do **Demonstrativo de Regularidade de Atos Partidários (DRAP)** no ato de registro e deferida pelo juízo competente. Um dos possíveis problemas jurídicos nesta etapa é a alteração superveniente da proporção do partido, seja pela inclusão ou exclusão de membros após, por exemplo, a renúncia ou o indeferimento do registro. Atualmente, a Justiça Eleitoral entende que a proporção deve ser atendida no momento de apresentação do DRAP, e não em momento posterior, mesmo que haja indeferimento de pedido de registro ou renúncia de candidato.

SOBRAS

Uma novidade importante para as eleições municipais de 2024 é que a Lei n. 14.211/2021 estabelece que os partidos, para conquistarem cadeiras na distribuição das chamadas *"sobras"*, devem **atingir 80% do quociente eleitoral** e as candidatas e candidatos devem ter recebido votos diretamente em número de no **mínimo 20% desse quociente.**

A exigência que cada candidato ou candidata receba o mínio de 20% dos votos do quociente eleitoral desincentiva a presença dos chamados *"puxadores de votos"*, que eram candidatos que, devida a altíssima votação, elegiam quase que sozinhos outros companheiros de legenda para as casas legislativas.

O QUE SÃO FEDERAÇÕES PARTIDÁRIAS?

Federações partidárias são a união de partidos por afinidade ideológica, e devem permanecer por, no mínimo, quatro anos. São válidas tanto para as eleições majoritárias quanto para as proporcionais. Em 2022, houve a formação de federações que devem **permanecer no pleito de 2024**, inclusive no lançamento das candidaturas de vereador.

Registro de Candidatura

SOBRE A OBTENÇÃO DO REGISTRO DE CANDIDATURA

Após a convenção partidária, os candidatos solicitarão seus **registros** perante a Justiça Eleitoral por meio de seus partidos e coligações. Os registros são solicitados por meio do **Sistema de Candidaturas Módulo Externo desenvolvido pelo TSE, o CANDex**, e deve ser acompanhado por vias assinadas do formulário **Demonstrativo de Regularidade de Atos Partidários (DRAP)** e **Requerimento de Registro de Candidatura (RRC)**, ambos emitidos pelo sistema.

Nas eleições de 2024, os partidos políticos e as federações solicitarão à Justiça Eleitoral o registro de seus candidatos **até as 19 (dezenove) horas do dia 15 de agosto** do ano em que se realizarem as eleições.

QUAIS DOCUMENTOS DEVEM SER APRESENTADOS NO REGISTRO?

Os documentos devem ser apresentados pelo partido ou coligação perante a Justiça Eleitoral, mas cada candidato deverá reuni-los como forma de facilitar o andamento dos registros. São necessários os documentos relacionados na **Tabela Anexa 2.**

O pedido deve ser subscrito pelo **Presidente do Diretório partidário ou da Comissão Diretora Provisória** ou ainda por delegado autorizado em documento autêntico. Nos casos das federações, devem subscrever o pedido todos os Presidentes de partidos, ou seus delegados, representantes, ou a maioria dos membros dos respectivos órgãos executivos de direção.

A **Secretaria Judiciária** publicará os pedidos de registro, para ciência dos interessados, no **Diário da Justiça Eletrônico.** Caberá a qualquer candidato, partido político, federação ou ao Ministério Público Eleitoral, no prazo de **5 dias** após a publicação do edital, impugná-lo por meio da Ação de Impugnação ao Registro de Candidatura (AIRC). O cidadão comum não possui legitimidade para promover a impugnação, mas poderá levar ao conhecimento da Justiça Eleitoral notícia de inelegibilidade.

Sobre o julgamento do registro pela Justiça Eleitoral

A impugnação do registro de candidatura é uma ação eleitoral proposta por um advogado ou advogada. Nela são elencados argumentos que demonstram a **ausência de condição de elegibilidade** ou enquadramento em uma das **hipóteses de inelegibilidade** do candidato a ser impugnado. São exemplos de hipóteses de inelegibilidade: condenações criminais, cassações pela Câmara de Vereadores, reprovação na prestação de contas do Município e improbidade administrativa.

Transcorrido o prazo sem que os adversários ou o Ministério Público Eleitoral apresentem impugnação, o cartório ou secretaria emite certidão informando sobre a regularidade, podendo a autoridade judicial entender a necessidade de diligências para correção de erros sanáveis, no prazo de **72 horas.**

Pode o juiz, nesta etapa, encaminhar os autos para o **Ministério Público** para a aferição na qualidade de fiscal da lei, assim como requerer diligências para aclarar possíveis dúvidas. São aferidas a regularidade da situação do partido e da federação, a adequação do número de registros ao estipulado em lei, a proporção de vagas femininas e masculinas, dentre outros quesitos. O deferimento do registro de candidatura depende do deferimento do DRAP, do preenchimento das **condições de elegibilidade, ausência de hipótese de inelegibilidade** e presença das demais condições apontadas e correto preenchimento dos formulários tal como apresentado a seguir.

REGISTROS SUB JUDICE

O candidato ou candidata cujo registro esteja *sub judice*, ou seja, ainda pendente de julgamento pela Justiça Eleitoral, poderá efetuar todos os atos relativos à campanha eleitoral, inclusive utilizar o horário eleitoral gratuito no rádio e na televisão e ter seu nome mantido na urna eletrônica enquanto estiver sob essa condição.

Apenas com o indeferimento do registro o candidato deverá deixar a disputa. Importante destacar, entretanto, que o cômputo dos votos atribuídos ao candidato ou candidata cujo registro esteja *sub judice* no dia da eleição fica condicionado ao deferimento do registro do candidato.

É POSSÍVEL SUBSTITUIR UM CANDIDATO?

A substituição é possível tanto para candidatos quanto candidatas nos casos de registro indeferido, cancelado, cassado, renúncia ou falecimento. Tanto nas eleições majoritárias quanto nas proporcionais, a substituição somente deve ser efetivada se o novo pedido for apresentado até **20 (vinte) dias antes do pleito**, exceto no caso de falecimento de candidato, quando a substituição poderá ser efetivada após esse prazo.

PERDEU O PRAZO DO REGISTRO? REGISTRE-SE INDIVIDUALMENTE

Se o pedido não for feito tempestivamente até o dia **15 de agosto** do ano eleitoral, até as **19 horas**, o partido ou coligação poderão fazê-lo perante a Justiça Eleitoral no máximo até dois dias seguintes à publicação da lista dos candidatos por meio do **Requerimento de Registro de Candidatura Individual (RRCI)**.

Vale lembrar que o registro de candidatura individual consiste em possibilidade de resolver eventuais falhas e esquecimentos quando do registro regular de todos os candidatos, priorizando o direito à maior participação possível nas eleições.

QUAL NOME POSSO UTILIZAR NAS ELEIÇÕES?

O **nome** indicado, que será também utilizado na urna eletrônica, deve ter máximo trinta caracteres, incluindo-se o espaço entre os nomes, podendo ser o prenome, sobrenome, cognome, nome abreviado, apelido ou nome pelo qual o candidato é mais conhecido, desde que não se estabeleça dúvida quanto à sua identidade, não atente contra o pudor e não seja ridículo ou irreverente. Também é vedado na composição do nome o uso de expressão ou de **siglas pertencentes a qualquer órgão da administração pública direta, indireta federal, estadual, distrital e municipal** (Exemplo: Mauro da Unicamp, Paulo do Banco do Brasil, etc.).

NOME SOCIAL

A partir de 2018, a Justiça Eleitoral passou a reconhecer a possibilidade de identificação pelo **nome social**. A pessoa travesti ou transexual poderá, por ocasião do alistamento ou de atualização de seus dados no Cadastro Eleitoral, se registrar com seu nome social e respectiva identidade de gênero. Considera-se nome social a designação pela qual a pessoa travesti ou transexual se identifica e é socialmente reconhecida. O nome social não poderá ser ridículo ou atentar contra o pudor.

FRAUDE EM QUOTAS DE GÊNERO

É vedado ao partido se valer de candidatas apenas para cumprir a proporção de gênero que a lei manda, não oferecendo às candidatas **reais condições de voto.**

A Justiça Eleitoral verifica se houve o **real comprometimento do partido** com as candidaturas femininas analisando se houve uma quantidade de votos muito pequena ou zerada, similitude na prestação de contas, reconhecimento de parentesco entre candidatos, ausência de propaganda eleitoral, não comparecimento em convenções, dentre outros critérios. Por isso é imprescindível que as candidaturas sejam reais e amparadas por todos os membros e membras do partido.

Já aconteceu: Os casos de maior destaque das eleições de 2016 foram o de Valença (Piauí) e Cafelândia (São Paulo), no qual vereadores foram condenados pelo por lançarem candidaturas femininas fictícias para alcançar o mínimo de 30% de mulheres e se beneficiarem dessas candidaturas fantasmas. O TSE confirmou a decisão dos tribunais regionais, cassando toda a chapa e responsabilizando todos os candidatos de modo a realçar a gravidade do feito.

Início da Campanha Eleitoral

A campanha eleitoral é o momento no qual atividades de organização e comunicação são desenvolvidas por candidatos e partidos, tendo por objetivo transmitir suas ideias e convencer a população a conceder-lhes o voto. Em **16 de agosto** se inicia o período de campanha eleitoral, oportunidade na qual as propostas e o perfil dos candidatos devem ser apresentadas aos eleitores. Ao longo desse período até o dia da votação, permite-se a propaganda eleitoral conforme as regras estabelecidas pelo **Código Eleitoral e pela Lei n. 9.504/1997 (Lei das Eleições)**.

A "PRÉ-CAMPANHA"

Antes do dia 16 de agosto, são **proibidos** atos de campanha. A lei permite, porém, que algumas atividades públicas sejam realizadas, como a exaltação das qualidades pessoais dos pré-candidatos e a divulgação de plataformas e projetos políticos.

Cuidado: Em todas as hipóteses, são permitidos o pedido de apoio político, a divulgação da pré-candidatura, das ações políticas desenvolvidas e das que se pretendem desenvolver. Porém, antes do dia 16 de agosto, é terminantemente proibido o pedido explícito de votos.

São **permitidos:**

- Participação de filiados a partidos políticos ou de pré-candidatos **em entrevistas, programas, encontros ou**

debates no rádio, na televisão e na Internet (inclusive com a exposição de plataformas e projetos políticos, observado pelas emissoras de rádio e de televisão o dever de conferir tratamento isonômico);

- A realização de **encontros, seminários ou congressos**, em ambiente fechado e a expensas dos partidos políticos, para tratar da organização dos processos eleitorais, da discussão de políticas públicas, dos planos de governo ou das alianças partidárias visando às eleições, podendo tais atividades ser divulgadas pelos instrumentos de comunicação intrapartidária;
- A realização de **prévias partidárias** e a respectiva distribuição de material informativo, a divulgação dos nomes dos filiados que participarão da disputa e a realização de debates entre os pré-candidatos, sendo vedada sua transmissão ao vivo por emissoras de rádio e TV;
- A divulgação de **atos de vereadores e de debates legislativos**, desde que não se faça pedido de votos;
- A divulgação de **posicionamento pessoal** sobre questões políticas, inclusive nas redes sociais, blogs, sites eletrônicos e aplicativos (*apps*);
- A realização, a expensas de partido político, de **reuniões de iniciativa da sociedade civil**, de veículo ou meio de comunicação ou do próprio partido, em qualquer localidade, para divulgar ideias, objetivos e propostas partidárias; campanha de arrecadação prévia de recursos por meio do financiamento coletivo virtual *("vaquinha virtual")*.

Atos de campanha que ocorram antes do dia **16 de agosto** e não se enquadrem nas hipóteses permitidas descritas acima são considerados **campanha eleitoral antecipada.**

Tais atos se tornam passíveis de **multa** aplicada ao responsável pela Justiça Eleitoral no valor de **cinco a vinte e cinto mil reais**, ou o equivalente do custo da propaganda, podendo ainda ser considerada abuso de poder se beneficia exclusivamente a um dos candidatos.

Fique atento: Se outra pessoa faz campanha antecipada em nome do candidato, ela também será responsabilizada. Basta haver prova de seu conhecimento prévio ou se, uma vez notificado, não providenciar a retirada ou regularização da propaganda antecipada no prazo de 48 horas da intimação.

VEDAÇÕES GERAIS QUANTO AO CONTEÚDO DA PROPAGANDA

A propaganda eleitoral tem por objetivo apresentar propostas e o perfil dos candidatos. Pode-se utilizar para fins combativos, de denúncia e crítica a outros candidatos, porém, dentro de alguns limites que a lei estabelece. Assim, **não será tolerada propaganda que envolva:**

- Preconceitos de origem, raça, sexo, cor, idade e quaisquer outras formas de discriminação;
- Guerra, de processos violentos para subverter o regime, a ordem política e social;

- **Animosidade entre as Forças Armadas** ou contra elas, ou delas contra as classes e as instituições civis;
- **Incitamento de atentado** contra pessoa ou bens;
- de instigação à desobediência coletiva ao cumprimento da lei de ordem pública;
- Oferecimento, promessa ou solicitação de **dinheiro, dádiva, rifa, sorteio** ou vantagem de qualquer natureza;
- Que perturbe o **sossego público**, com algazarra ou abuso de instrumentos sonoros ou sinais acústicos;
- Por meio de impressos ou de objeto que pessoa inexperiente ou rústica possa **confundir com moeda**;
- Que prejudique a **higiene e a estética urbana**;
- **Caluniar, difamar ou injuriar** qualquer pessoa, bem como atingir órgãos ou entidades que exerçam autoridade pública;
- Desrespeito os **símbolos nacionais**.

Deve-se ter em mente também que a propaganda crítica aos opositores não pode conter uma acusação da prática de crimes, nem ofensas pessoais ou xingamentos. Além de crimes, o ofendido por calúnia, difamação ou injúria, poderá demandar no juízo cível a **reparação do dano moral**. A indenização será cobrada do ofensor, seja candidato ou não e, solidariamente, o partido político deste, quando responsável por ação ou omissão.

PROPAGANDA ELEITORAL NA INTERNET

Até 2009 o tema da **propaganda na internet** era algo inusitado, não demandando atenção do direito para regular as condutas ocorridas no meio digital. Com o advento das tecnologias de comunicação digital e o amplo acesso às redes sociais, a Internet se tornou um meio imprescindível de propaganda eleitoral.

Atenta às transformações, a Justiça Eleitoral vem disciplinando a forma como os candidatos e candidatas devem se utilizar das diferentes ferramentas digitais. São **lícitas** as seguintes formas de propaganda na Internet:

- Em **sítio (site) do candidato**, com endereço eletrônico comunicado à Justiça Eleitoral e hospedado, direta ou indiretamente, em provedor de serviço de Internet estabelecido no Brasil;
- Em **sítio (site) do partido ou da federação**, com endereço eletrônico comunicado à Justiça Eleitoral e hospedado, direta ou indiretamente, em provedor de serviço de Internet estabelecido no Brasil;
- Por meio de **mensagem eletrônica** para endereços cadastrados gratuitamente pelo candidato, partido ou coligação;
- Por meio de **blogs, redes sociais, sítios de mensagens instantâneas e aplicações de Internet assemelhadas** cujo conteúdo seja gerado ou editado por candidatos, partidos ou federações; ou qualquer pessoa natural.

Assim como a propaganda eleitoral "clássica", isto é, que se utiliza de televisão, rádio e materiais impressos para ser veiculada, a propaganda na Internet também deve respeitar o marco inicial do dia **16 de agosto**, sob pena de caracterização de propaganda antecipada.

Também são **proibidos**:

- O pagamento para a veiculação de propaganda eleitoral na internet fora das permissões legais;
- O **anonimato** (*perfis fakes*) ou a atribuição de propaganda a terceiro, inclusive candidato, partido ou coligação;
- Contratação de **militância virtual**, "robôs" ou *fakes*, para emissão de ofensas ou para prejudicar a imagem de candidato, partido ou coligação;
- A veiculação de propaganda eleitoral em perfis ou páginas de pessoas jurídicas ou em sites oficiais ou hospedados por **órgãos ou por entidades da administração pública direta ou indireta**;
- O envio de **mensagens em massa (spam),** telemarketing ou, ainda, a compra de banco de dados de cadastros de endereços eletrônicos, telefones ou perfis pessoais para o envio de propaganda eleitoral;
- São vedadas às pessoas jurídicas e às relacionadas no art. 24 da Lei n. 9.504/1997 a utilização, doação ou **cessão de cadastro eletrônico de seus clientes**, em favor de candidatos, de partidos políticos ou de coligações.

REGRAS DO IMPULSIONAMENTO DE CONTEÚDO

Por meio de pagamento, os servidores das redes sociais (principalmente o *Facebook* e *Instagram*, dentre outras) fazem com que uma determinada publicação seja exibida para um público mais amplo e selecionado por meio de critérios disponíveis.

A partir das eleições de 2018, tornou-se lícito impulsionar **publicações, contanto que a aplicação do orçamento seja feita pelo candidato, partido ou coligação**, vedando-se a contratação por meio de pessoa natural ou intermediado por um terceiro. Ou seja, a contratação do impulsionamento deve ser feita diretamente pelo candidato, partido ou coligação, e o provedor (*Facebook, Instagram*, etc.).

Cuidado: os eleitores não podem impulsionar o conteúdo de seus candidatos.

Além disso, todo impulsionamento **deverá conter**, de forma clara e legível, o número de inscrição no CNPJ ou o número de inscrição no CPF do responsável, além da expressão "Propaganda Eleitoral".

É **vedada** a veiculação de qualquer tipo de propaganda eleitoral paga na internet, excetuado o impulsionamento de conteúdo, desde que identificado de forma inequívoca como tal e contratado exclusivamente por partidos, coligações e candidatos e seus representantes. Além disso, o impulsionamento deve ser feito por meio de um **perfil pessoal**, vedando-se o uso de "página patrocinada".

MENSAGENS ELETRÔNICAS

É **lícito** o envio de mensagens eletrônicas, para endereços cadastrados gratuitamente (como listas de e-mail). No caso das mensagens eletrônicas enviadas por candidato, partido, federação ou coligação, por qualquer meio, foi imposto que deverão dispor de mecanismo que permita seu **descadastramento** pelo destinatário, obrigado o remetente a providenciá-lo no **prazo de 48h**. A **sanção** para o descumprimento do dever imposto de atender a solicitação do usuário em ser descadastrado sujeitam os responsáveis ao pagamento de **multa** no valor de R$100,00 (cem reais), por mensagem.

No caso dos aplicativos *Whatsapp* e *Telegram*, não é necessário oferecer a opção do **descadastramento** (uma vez que os aplicativos sequer possuem esta opção). Assim, no caso das mensagens enviadas consensualmente por pessoa natural, de forma privada ou em grupos restritos de participantes, proíbe-se apenas o pedido explícito de voto antes do dia **16 de agosto.**

PROPAGANDA IMPRESSA (FOLHETOS, ADESIVOS, VOLANTES, "SANTINHOS", ETC.)

A propaganda impressa é uma das formas mais clássicas e populares de atingir o eleitor. Devem ser editados sob a responsabilidade do partido político, federação, coligação ou do candidato, sendo-lhes facultada, inclusive, a impressão em braille dos mesmos conteúdos. **Algumas regras devem ser seguidas:**

- Todo material impresso de propaganda eleitoral deve conter o nome do candidato e do **vice em tamanho não inferior a 30% ao nome do titular**, a legenda partidária do candidato, CNPJ ou CPF do contratante do material; CNPJ ou CPF do responsável pela confecção e a tiragem do material;
- Nas campanhas majoritárias, o material deve conter o **nome da federação ou coligação, com todas as siglas que a compõem**; nas campanhas proporcionais, deve conter a sigla do partido do candidato;

- Os **adesivos** deverão ter a dimensão máxima de **0,5 m²** **(meio metro quadrado)**, **vedada a justaposição** (colocação um ao lado do outro);
- É vedada sua distribuição no dia das eleições (boca de urna), bem como **espalhar material de campanha no local de votação ou nas vias próximas**, ainda que na véspera da eleição, sujeitando-se os infratores à multa e apuração criminal;
- A distribuição é permitida até as **vinte e duas horas do dia que antecede a eleição;**
- É proibida a colocação de material impresso em **bens cujo uso dependa de cessão ou permissão do poder público**, ou que a ele pertençam, e nos bens de uso comum, inclusive postes de iluminação pública, sinalização de tráfego, viadutos, passarelas, pontes, paradas de ônibus e outros equipamentos urbanos;
- Proibido o **uso de outdoors**, ainda que eletrônicos, ou o uso de vários cartazes justapostos de modo a dar o efeito visual de um outdoor.
- É permitido colar **adesivos microperfurados** até a extensão total do para-brisa traseiro e, em outras posições, até a dimensão máxima de 0,5m². Deve ser feito de forma espontânea e gratuita, proibindo o pagamento.
- Também não é permitida colocação de **placas e a pintura de muros e paredes**, mesmo que em bens particulares, ainda que em dimensões inferiores ao limite estabelecido.

PROPAGANDA IMPRESSA (JORNAIS E REVISTAS)

São **permitidas**, até a antevéspera das eleições, a divulgação paga, na imprensa escrita, e a reprodução na internet do jornal impresso, de até dez anúncios de propaganda eleitoral, por veículo, em datas diversas, para cada candidato, no espaço máximo, por edição, **de 1/8 (um oitavo) de página de jornal padrão** e **de 1/4 (um quarto) de página de revista ou tabloide.** Deve constar no anúncio, de forma visível, o valor pago pela inserção.

A propaganda em meios físicos e digitais são permitidas até a **antevéspera**, ou seja, até a sexta-feira que antecede o domingo da eleição.

Não caracterizará propaganda eleitoral a divulgação de opinião favorável a candidato, a partido político, federação ou a coligação pela imprensa escrita, desde que **não seja matéria paga**, mas os abusos e os excessos, assim como as demais formas de uso indevido do meio de comunicação, serão apurados e punidos como forma de abuso de poder.

PROPAGANDA NO RÁDIO E NA TELEVISÃO

Somente é **lícita** a propaganda eleitoral gratuita, veiculada nos **35 dias anteriores à antevéspera das eleições** (de 28 de agosto a 01 de outubro), e debates eleitorais.

É proibida qualquer propaganda eleitoral (ostensiva ou dissimulada) mediante pagamento. Com exceção da propaganda eleitoral gratuita, é **vedado** às emissoras transmitir, a partir de **30 de junho**, programa apresentado ou comentado por pré-candidato. Aqueles que possuam papel de destaque em emissoras de rádio e televisão não poderão estar presente nas transmissões.

Cuidado: as sanções para o descumprimento das regras de propaganda no rádio e na televisão são severas. A inobservância do estabelecido neste artigo sujeita a emissora e o pré-candidato (se escolhido em convenção) ao pagamento de multa no valor de R$ 21.282,00 (vinte e um mil, duzentos e oitenta e dois reais) a R$ 106.410,00 (cento e seis mil, quatrocentos e dez reais), duplicada em caso de reincidência.

Além disso, é vedado que nos noticiários e ao longo da programação normal haja **parcialidade** no tratamento de candidatos, mesmo que ainda não escolhidos em convenção. A **Resolução n. 23.610** veda às emissoras de rádio e de televisão:

- Transmitir, ainda que sob a forma de entrevista jornalística, imagens de realização de pesquisa ou qualquer outro tipo de consulta popular de natureza eleitoral em que seja possível identificar o entrevistado ou em que haja manipulação de dados;
- veicular propaganda política;
- dar tratamento privilegiado a candidato, partido político ou coligação;
- veicular ou divulgar filmes, novelas, minisséries ou qualquer outro programa com alusão ou crítica a candidato ou a partido político, mesmo que dissimuladamente, exceto programas jornalísticos ou debates políticos;
- divulgar nome de programa que se refira a candidato escolhido em convenção, ainda quando preexistente, inclusive se coincidente com o nome do candidato ou o nome por ele indicado para uso na urna eletrônica, e, sendo coincidentes os nomes do programa e do candidato, fica proibida a sua divulgação, sob pena de cancelamento do respectivo registro.

Divisões de tempo no rádio e na televisão

O artigo 44 da Lei das Eleições (Lei n. 9.504/1997) cuidou de estabelecer a distribuição de um horário no qual todas emissoras, ao mesmo tempo ou em inserções (pílulas ou spots), exibissem a propaganda eleitoral.

Pelo **princípio da igualdade de acesso à propaganda**, o tempo disponível é controlado, tendo início nos **35 dias anteriores** e devendo encerrar-se na antevéspera das eleições. O espaço obrigatório inclui a transmissão via todas as emissoras de rádio, inclusive as comunitárias, mas exclui aquelas sob responsabilidade do Senado Federal e Câmara dos Deputados fora do Distrito Federal, ficando obrigadas somente a exibir a propaganda gratuita nas eleições presidenciais. Inclui também a transmissão por todas as emissoras de TV aberta (UHF/VHF) e canais por assinatura ligados ao Poder Legislativo (TV Câmara, TV Senado, TV Assembleia). A lei não obriga que seja exibida propaganda por demais canais por assinatura.

Nos **35 dias** anteriores à antevéspera do primeiro turno, as emissoras de rádio e de televisão devem veicular a propaganda eleitoral gratuita, em rede, da seguinte forma, observado o horário de Brasília.

Haverá **propaganda gratuita**, nas eleições para prefeito, de segunda a sábado:

- das 7h (sete horas) às 7h10 (sete horas e dez minutos) e das 12h (doze horas) às 12h10 (doze horas e dez minutos), na **rádio;**
- das 13h (treze horas) às 13h10 (treze horas e dez minutos) e das 20h30 (vinte horas e trinta minutos) às 20h40 (vinte horas e quarenta mínutos), na **televisão.**

Os órgãos da Justiça Eleitoral distribuirão os horários reservados à propaganda de cada eleição entre os partidos políticos e as coligações que tenham observados os seguintes critérios, tanto para **distribuição em rede** quanto para **inserções**:

- 90% (noventa por cento) distribuídos **proporcionalmente** ao número de representantes na Câmara dos Deputados, considerando, no caso de coligações para as eleições majoritárias, o resultado da soma do número de representantes dos seis maiores partidos políticos que a integrem;
- 10% (dez por cento) distribuídos **igualitariamente**.

Depois de **sorteada a ordem** de veiculação da propaganda em rede para o primeiro dia, a cada dia que se seguir, o partido político ou a coligação que veiculou sua propaganda em último lugar será o primeiro a apresentá-la no dia seguinte, apresentando-se as demais na ordem do sorteio.

Competirá aos partidos políticos e às coligações **distribuir** entre os candidatos registrados os horários que lhes forem destinados pela Justiça Eleitoral.

Atenção: No caso das candidatas à vereadora, a distribuição do tempo de propaganda eleitoral gratuita no rádio e na televisão para as candidaturas deve observar os percentuais mínimos de candidatura por gênero, ou seja, de 30% para mulheres e 70% para homens, ou o contrário, a depender da composição dos indicados.

Caso o percentual de **candidaturas por gênero** seja superior ao mínimo legal, impõe-se o acréscimo do tempo de propaganda na mesma proporção. Por exemplo, se houve 50% de candidatas e 50% de candidatos, o tempo de propaganda também será dividido pela metade.

Para 2024, vale lembrar que somente terão direito a recursos do **Fundo Partidário** e acesso gratuito ao rádio e à televisão, na forma da lei, os partidos políticos que alternativamente:

- Obtiverem, nas eleições para a Câmara dos Deputados, **no mínimo, 1,5% (um e meio por cento) dos votos válidos**, distribuídos em pelo menos um terço das unidades da Federação, com um mínimo de 1% (um por cento) dos votos válidos em cada uma delas; ou
- Tiverem elegido pelo menos **nove Deputados Federais** distribuídos em pelo menos um terço das unidades da Federação.

Atenção: As eleições seguintes obedecerão às regras de transição elencadas no Art. 3º da Emenda Constitucional n. 97 de 2017.

PROPAGANDA POR INSERÇÕES NA PROGRAMAÇÃO NORMAL

No mesmo período reservado à propaganda eleitoral em rede, as emissoras de rádio e de televisão reservarão, ainda, de segunda-feira a domingo, **70 minutos diários** para a propaganda eleitoral gratuita em **inserções de 30 e 60 segundos**, a critério do respectivo partido político ou coligação, assinadas obrigatoriamente pelo partido político ou coligação, e distribuídas, ao longo da programação veiculada no intervalo das **5h às 24h.**

Nas **eleições municipais**, somente serão exibidas as inserções de televisão nos municípios em que houver estação geradora de serviços de radiodifusão de sons e imagens. Em municípios em que não haja emissora de rádio e de televisão, a Justiça Eleitoral garantirá aos partidos políticos participantes do pleito a veiculação de propaganda eleitoral gratuita nas localidades aptas à realização de segundo turno de eleições e nas quais seja operacionalmente viável realizar a retransmissão. O tempo será dividido na proporção de **sessenta por cento para prefeito e de quarenta por cento para vereador.**

Nas eleições gerais e municipais, a distribuição levará em conta os seguintes blocos de audiência:

a) entre as 5h (cinco horas) e as 11h (onze horas);

b) entre as 11h (onze horas) e as 18h (dezoito horas);

c) entre as 18h (dezoito horas) e as 24h (vinte e quatro horas).

A partir de **15 de agosto** do ano da eleição, a Justiça Eleitoral deve convocar os partidos políticos e a representação das emissoras de rádio e de televisão para elaborar, até a antevéspera do início da propaganda eleitoral gratuita, plano de mídia, para uso da parcela do horário eleitoral gratuito a que tenham direito, garantida a todos a participação nos horários de maior e de menor audiência.

QUEM PODE APARECER NAS PROPAGANDAS ELEITORAIS GRATUITAS?

Nos programas e inserções de rádio e de televisão destinados à **propaganda eleitoral gratuita** de cada partido político ou coligação, **só poderão aparecer**, em gravações internas e externas, candidatos, caracteres com propostas, fotos, jingles, clipes com música ou vinhetas, inclusive de passagem, com indicação do número do candidato ou do partido político, bem como de seus apoiadores, inclusive os candidatos à prefeito nas propagandas de vereadores e vice-versa (contanto que haja apenas o pedido de voto). Esses eventuais apoiadores poderão dispor de até **25% (vinte e cinco por cento) do tempo** de cada programa ou inserção. São vedadas montagens, trucagens, computação gráfica, desenhos animados e efeitos especiais.

Atenção: Considera-se apoiador, para os fins deste artigo, a figura potencialmente apta a propiciar benefícios eleitorais ao candidato ou ao partido/coligação veiculador da propaganda, não integrando tal conceito os apresentadores ou interlocutores que tão somente emprestam sua voz e imagem para transmissão da mensagem eleitoral.

Havendo o segundo turno das eleições, não será permitida, nos programas de que trata este artigo, a participação de filiados a partidos políticos que tenham formalizado o apoio a outros candidatos.

O QUE PODE SER MOSTRADO NAS PROPAGANDAS ELEITORAIS GRATUITAS?

Será **permitida** a veiculação de entrevistas com o candidato e de cenas externas nas quais ele, pessoalmente, exponha realizações de governo ou da administração pública; falhas administrativas e deficiências verificadas em obras e serviços públicos em geral; atos parlamentares e debates legislativos.

Na **propaganda eleitoral gratuita**, é **vedado** ao partido político, à federação, à coligação ou ao candidato transmitir, ainda que sob a forma de entrevista jornalística, imagens de realização de pesquisa ou qualquer outro tipo de consulta popular de natureza eleitoral em que seja possível identificar o entrevistado ou em que haja manipulação de dados.

Na divulgação de **pesquisas**, no horário eleitoral gratuito, **devem ser informados, com clareza**, o período de sua realização e a margem de erro, não sendo obrigatória a menção aos concorrentes, desde que o modo de apresentação dos resultados não induza o eleitor em erro quanto ao desempenho do candidato em relação aos demais.

Cuidado: A inobservância do disposto para as regras de propaganda no rádio e na televisão sujeita o partido político, federação ou a coligação à perda de tempo equivalente ao dobro do usado na prática do ilícito, no período do horário gratuito subsequente, dobrada a cada reincidência, devendo o tempo correspondente ser veiculado após o programa dos demais candidatos com propaganda da própria Justiça Eleitoral e acompanhada de tarja com a informação de que a não veiculação do programa resulta de infração à lei eleitoral.

DISTRIBUIÇÃO DE BRINDES, CAMISETAS E OBJETOS DE PROPAGANDA

É **proibida** a confecção, utilização ou distribuição feita ou autorizada pelo candidato. A referida proibição aplica-se também para quaisquer outros bens ou materiais que possam proporcionar vantagem, ainda que mínima, ao eleitor (CDs, pen drives, sacolas, canetas, bloquinhos, bebidas, etc.). **Admite-se, excepcionalmente**, a confecção de camisetas para utilização pelo pessoal que presta serviços à campanha, desde que em número razoável e que não caracterize distribuição de brindes ao eleitor.

Uso de bandeiras, faixas e banners

Podem ser utilizados ao longo das **vias públicas**, desde que móveis e não dificultem o bom andamento do trânsito de pessoas e veículos. Só podem ser colocados diariamente entre as **6h e as 22h**. É proibida, porém, a fixação de tais propagandas em local público e sua permanência durante todo o período da campanha, além de sua manutenção nos horários vedados. Estão proibidos os bonecos, cavaletes, placas, faixas, estandartes e assemelhados.

Comícios

São **permitidos** a partir do dia **16 de agosto** até **48h antes do dia das eleições**, das **8h às 24h**, com exceção do comício de encerramento da campanha, que poderá ser prorrogado por **mais duas horas**. É **permitida** a aparelhagem de sonorização fixa e trio elétrico no evento, respeitado o distanciamento de **200 metros** de sedes dos Poderes Executivo e Legislativo da União, dos Estados, do Distrito Federal e dos Municípios; das sedes dos Tribunais Judiciais; dos quartéis e de outros estabelecimentos militares; dos hospitais e casas de saúde; bem como das escolas, bibliotecas públicas, igrejas e teatros, quando em funcionamento. São proibidos os "showmícios", ou seja, a apresentação de artistas, remunerados ou não, com a finalidade de animação e entretenimento.

Não é necessária a licença da polícia para a realização de qualquer evento, mas apenas comunicação à autoridade policial em, no mínimo, 24h antes de sua realização.

CARREATAS E PASSEATAS

São permitidas a partir do dia **16 de agosto**, podendo o candidato e seus correligionários distribuir materiais impressos. Carros de som e minitrios circulando fora de carreatas e passeatas estão proibidos, bem como ultrapassar o distanciamento de **200 metros** dos locais citados no item acima.

O QUE FAZER DIANTE DE IRREGULARIDADES EM PROPAGANDAS DE ADVERSÁRIOS?

Propagandas irregulares podem ser **suspensas** e dar ensejo a **multa** aos candidatos, partidos e emissoras que tenham descumprido as normas da legislação eleitoral. Podem ainda levar à **cassação do registro ou do diploma**, caso o candidato responsável pelas irregularidades tenha sido eleito.

Nos casos de propaganda eleitoral na televisão e no rádio, a requerimento do Ministério Público, de partido político, de coligação, federação ou de candidato, a Justiça Eleitoral poderá determinar a suspensão, por **24 horas**, da programação normal de emissora que deixar de cumprir as disposições da **Resolução nº 23.610/2019**. No período de suspensão, a Justiça Eleitoral veiculará mensagem de orientação ao eleitor, intercalada, a cada **15 minutos**. Em cada reiteração de conduta, o período de suspensão será **duplicado**.

Nos casos de propaganda impressa e demais irregularidades, também poderá o Ministério Público, partido, coligação, federação ou candidato, noticiar o fato irregular à Justiça Eleitoral com a **instauração processual** que impor à empresa responsável, os partidos, as coligações e os candidatos a imediata **retirada** da propaganda irregular e o pagamento de **multa** no valor de R$5.000,00 a R$15.000,00.

Regras de financiamento eleitoral

Em dezembro de 2014, o OECD Forum on Financing Democracy and Averting Policy Capture, realizado em Paris, iniciou seus trabalhos com a reflexão "*la démocratie n'a pas de prix mais a un coût*" (a democracia não tem preço, mas tem um custo). A partir dessa breve reflexão, podemos compreender que a democracia depende, para sua própria existência e efetivação, de recursos financeiros.

É possível e desejável a **fiscalização** dos gastos e o combate à utilização de recursos financeiros como formas degeneradas da democracia e da liberdade de escolha. Entre algumas possibilidades dessa constante vigilância, destaca-se a imperatividade de se prestar contas dos gastos de campanha à Justiça Eleitoral, com o auxílio de rigorosa **área técnica**. Também é cada vez mais relevante a atuação dos **advogados** e **contadores** que militam na área eleitoral, do Ministério Público Eleitoral e da Justiça Eleitoral que, por meio das ações judiciais pertinentes, combatem abusos e desvios.

QUAIS SÃO OS PRÉ-REQUISITOS PARA A ARRECADAÇÃO DE RECURSOS DE CAMPANHA?

A arrecadação de recursos para campanha eleitoral de qualquer natureza deverá observar os seguintes pré-requisitos (**art. 3º, Resolução TSE 23.607/2019**):

- Requerimento do registro de candidatura (até 15 de agosto);
- CNPJ de campanha;
- Abertura da conta específica de campanha;
- Emissão dos recibos eleitorais.

Os partidos políticos, além do devido registro e anotação do órgão partidário junto à Justiça Eleitoral, devem realizar a abertura de **conta bancária específica** destinada a registrar a movimentação financeira de campanha ("Doações para Campanha"), prevista na **Resolução TSE n. 23.607**, de 2019.

Uma vez aberta a conta bancária, as doações podem ocorrer, a rigor, de duas formas:

- **Financeiras**, por transação bancária (inclusive PIX) na qual o CPF do doador seja obrigatoriamente identificado, inclusive quando realizada via Internet;
- **Estimáveis em dinheiro,** pela doação ou cessão temporária de bens e/ou serviços, com a demonstração de que o doador é *proprietário do bem ou é o responsável direto pela prestação de serviços.*

Dica: É necessário compreender o conceito de doação estimável em dinheiro. Ainda que um serviço seja gratuito (exemplo: um autor de jingle, que componha a música gratuitamente), deve haver o registro de um valor estimável de acordo com os valores de mercado, emitindo inclusive o recibo eleitoral com termo de doação. Podem ser tanto serviços, quanto bens do patrimônio do doador. Em relação aos serviços advocatícios, a Ordem dos Advogados do Brasil veda a doação de serviços dos advogados e advogadas nas campanhas eleitorais.

QUAIS AS FONTES LÍCITAS DE ARRECADAÇÃO RECURSOS DA CAMPANHA?

Atualmente a legislação eleitoral conta com **cinco formas lícitas** de arrecadação de recursos para as campanhas eleitorais.

São elas:

- **Autofinanciamento:** recursos próprios do candidato: poderão ser utilizados até o total de 10% dos limites previstos para gastos de campanha no cargo em que concorrer, uma novidade advinda da minirreforma eleitoral de 2019;
- Podem realizar **doações financeiras** ou estimáveis em dinheiro as **pessoas físicas**, limitados os valores a 10% dos rendimentos brutos auferidos pelo doador no ano anterior à eleição. Este limite não se aplica a doações estimáveis em dinheiro relativas à utilização de bens móveis ou imóveis de propriedade do doador, desde que o valor estimado não ultrapasse R\$ 40.000,00. (Lei nº 9.504/1997, art. 23, § 7º);
- **Doação entre participantes do pleito**, quando os próprios candidatos doam entre si, ou os partidos repassam para os candidatos;
- Recursos provenientes da **comercialização de bens e realização de eventos** organizados com a finalidade de arrecadação (como jantares, com taxa de adesão);

- **Recursos próprios dos partidos políticos** (não necessariamente o Fundo Partidário, como doações, rendimentos, etc.).

O QUE SÃO OS FUNDOS DE CAMPANHA?

Além das modalidades de arrecadação, os recursos das campanhas eleitorais também são disponibilizados aos candidatos e candidatas por meio de **dois fundos públicos**. São eles o **Fundo Partidário** e o **Fundo Especial de Financiamento de Campanha (FEFC)**.

O Fundo Partidário é constituído quase na sua totalidade por recursos públicos. Esse fundo faz repasses periódicos aos partidos políticos, mesmo em ano não-eleitoral. O repasse para candidatos em campanha é modalidade de financiamento, regrada pela Lei Eleitoral (Lei n. 9.504/1997). No **artigo 28, § 12**, fica determinado que tanto a movimentação da conta do partido, quanto do candidato, devem ambas serem prestadas, na forma da lei: *"os valores transferidos pelos partidos políticos oriundos de doações serão registrados na prestação de contas dos candidatos como transferência dos partidos e, na prestação de contas anual dos partidos, como transferência aos candidatos"*.

No ato da transferência, o Partido deve informar ao candidato a identificação do doador originário daquela doação.

O partido deve individualizar os doadores, proibindo-se as doações ocultas, segundo a decisão do STF na **ADI n. 5.394**. A modificação por meio da análise constitucional buscou evitar esquemas fraudulentos de repasses ilícitos, seja por meio de pessoas jurídicas ou qualquer outra fonte vedada.

No registro de candidatura há o regime de cotas por gênero, sendo garantido 30% para um dos dois gêneros (masculino ou feminino). Sendo assim, nenhum gênero pode contar com número de candidatos no sistema proporcional superior a 70%. No julgamento do mérito da **ADI n. 5.617**, o Plenário do STF decidiu que a distribuição de recursos do **Fundo Partidário** destinado ao financiamento das campanhas eleitorais direcionadas às candidaturas femininas deve ser feita na exata **proporção das candidaturas** de ambos os sexos, respeitado o patamar mínimo de 30% de candidatas previsto no artigo 10, parágrafo 3º.

Sabendo-se que, na prática, o sistema de cotas por gênero foi criado com o objetivo de favorecer a participação feminina nas eleições, o Supremo Tribunal Federal assegurou, por meio da **ADI n. 5617**, que os recursos das contas específicas voltadas a programas de promoção da participação política das mulheres fossem adicionalmente transferidos para as **contas individuais das candidatas**, no financiamento de suas campanhas eleitorais. Tais determinações passaram a vigorar a partir das eleições gerais de 2018.

O **Fundo Especial de Financiamento de Campanha (FEFC)** é constituído por dotações orçamentárias da União em ano eleitoral. O Tesouro Nacional deposita os recursos no Banco do Brasil, em conta especial à disposição do Tribunal Superior Eleitoral, até o **primeiro dia útil do mês de junho** do ano do pleito. Nos **quinze dias** subsequentes ao depósito, o Tribunal Superior Eleitoral divulgará o montante de recursos disponíveis no Fundo Eleitoral.

Critérios de distribuição do **FEFC** entre os partidos

Os recursos do **Fundo Especial de Financiamento de Campanha (FEFC)**, para o primeiro turno das eleições, serão distribuídos entre os partidos políticos, obedecidos os seguintes critérios:

- 2% (dois por cento), divididos igualitariamente entre todos os partidos com estatutos registrados no Tribunal Superior Eleitoral;
- 35% (trinta e cinco por cento), divididos entre os partidos que tenham pelo menos um representante na Câmara dos Deputados, na proporção do percentual de votos por eles obtidos na última eleição geral para a Câmara dos Deputados;
- 48% (quarenta e oito por cento), divididos entre os partidos, na proporção do número de representantes na Câmara dos Deputados, consideradas as legendas dos titulares;
- 15% (quinze por cento), divididos entre os partidos, na proporção do número de representantes no Senado Federal, consideradas as legendas dos titulares.
-

Critérios internos dos Partidos

A distribuição dentro dos partidos políticos fica ao encargo de seus **dirigentes**, em respeito à chamada **autonomia partidária**. Todavia, ainda que seja de responsabilidade dos dirigentes partidários, requer-se a definição de critérios para a distribuição, os quais serão divulgados publicamente. A **direção nacional** dos partidos, sediada em Brasília, deverá elaborar a distribuição, exigindo-se a aprovação pela **maioria absoluta** dos membros do órgão. O acesso aos recursos do fundo é feito por meio de requerimento por escrito ao órgão partidário respectivo.

APLICAÇÃO DO FUNDO PARTIDÁRIO E DO FEFC ÀS CANDIDATURAS FEMININAS

Os partidos reservarão o mínimo de 30% do montante do Fundo Partidário (STF, ADI n. 5617) e do Fundo Eleitoral (TSE, Consulta n. 60025218.2018) destinado ao financiamento das campanhas eleitorais para aplicação nas campanhas de suas **candidatas mulheres**. Havendo percentual mais elevado de candidaturas femininas, o mínimo de recursos do Fundo Partidário e do Fundo Eleitoral (FEFC) deve ser aplicado no financiamento das campanhas de candidatas na **mesma proporção**.

CONTAS BANCÁRIAS

Partidos políticos e candidatos somente estão autorizados a captarem recursos de campanhas eleitorais após procederem à abertura de **contas bancárias específicas**, a fim de segregar os recursos de acordo com sua natureza e origem, nos termos da **Resolução TSE n. 23.607/2019** e da **Resolução TSE n. 23.546/2017**.

Os partidos políticos, em cada esfera de direção, deverão abrir as seguintes **contas bancárias**, em caso de recebimento dos seguintes recursos:

- do "Fundo Partidário;
- das "doações para campanha";
- dos "outros recursos";
- dos recursos destinados ao programa de promoção e difusão da participação política das mulheres; e
- do "Fundo Especial de Financiamento de Campanhas – FEFC".

Fique atento: é importante acompanhar a obtenção no CNPJ do candidato, certificando-se principalmente de eventuais problemas quanto a grafia do nome, o que pode ser facilmente corrigido com a juntada de documentos pessoais.

Há **obrigatoriedade** de abertura de conta bancária por candidatos e candidatas, **mesmo que não haja movimentação financeira**. O movimento de campanha abrange, inclusive, os recursos próprios do candidato ou candidata, sob pena de **desaprovação** das contas. Além disso, devem abrir **conta bancárias distintas e específicas** para o recebimento e a utilização de recursos oriundos do **Fundo Partidário** e para aqueles provenientes do **Fundo Especial de Financiamento de Campanha (FEFC)**, na hipótese de repasse de recursos dessas espécies (art. 9º).

RECIBOS ELEITORAIS

Recibos eleitorais são a forma própria de **controle dos gastos** de campanha pela Justiça Eleitoral. Eles deverão ser emitidos via sistema **SPCE** (disponível no site do TSE) para a arrecadação de recursos:

- estimáveis em dinheiro para a campanha eleitoral, inclusive próprios, e
- por meio da Internet, através do site do candidato. Já as doações financeiras podem ser comprovadas por meio de documento bancário que identifique o CPF dos doadores (art. 7º, Res. TSE n.º 23.607).

Atenção: acompanhe de perto a abertura de contas específicas. É preciso abrir uma conta para o Fundo Partidário e uma para o Fundo de Campanha. São, portanto, três contas bancárias a serem abertas: duas para os fundos de financiamento público e uma para os recursos privados. Muitas vezes, principalmente em campanhas pequenas, espera-se que o partido avise sobre a disponibilidade dos recursos. É altamente recomendável que as contas sejam abertas antes dos recursos chegarem, pois a "mistura" de recursos nas contas bancárias pode levar a complicações na hora de prestar as contas. Caso isso ocorra, é necessário apresentar notas explicativas mostrando a origem diversa dos recursos, se são públicos ou privados.

EMISSÃO FACULTATIVA DE RECIBOS ELEITORAIS

A emissão é **facultativa** em alguns casos, mas é **conveniente** que seja feita, assim de se evitar problemas na prestação de contas, ao final da campanha.

São casos de emissão facultativa:

- Cessão de **bens móveis**, limitada ao valor de R$ 4.000,00 por cedente;
- Doações estimáveis em dinheiro entre candidatos e partidos decorrentes do uso comum tanto de **sedes** quanto de **materiais de propaganda eleitoral**;
- Cessão de **automóvel de propriedade do candidato**, do cônjuge e de seus parentes até o terceiro grau para seu uso pessoal durante a campanha.

Cuidado: é necessário prestar muita atenção na forma de ingresso dos recursos. Pela Lei Eleitoral, os bancos são obrigados a identificar no extrato bancário a origem dos recursos. Entretanto, em alguns casos, a operação bancária não possibilita a identificação. Por exemplo: quando o caixa recebe uma transferência e marca como "em espécie", sem demonstrar a origem. Nesses casos, é preciso reunir novos documentos que demonstrem a origem lícita do dinheiro, principalmente documentos bancários.

SÃO PERMITIDOS EMPRÉSTIMOS BANCÁRIOS?

São **permitidos** no financiamento, mas deve-se tomar cuidado. Deve ser tomado em instituições financeiras, jamais com pessoas físicas. O empréstimo deve estar **lastreado** com bem que foi declarado no momento do registro da candidatura ou que seja empréstimo compatível com a capacidade de pagamento do candidato. Exemplo, quando o candidato dá um imóvel como garantia, é preciso apresentar o contrato bancário de empréstimo com o bem empenhado.

Cuidado: O empréstimo deve estar quitado até a data da prestação de contas.

DOAÇÕES ELEITORAIS

As doações de **pessoas físicas** e de **recursos próprios** somente poderão ser realizadas, inclusive pela internet, por meio de:

- **Transação bancária** (inclusive via PIX) na qual o CPF do doador seja obrigatoriamente identificado;
- **Doação** ou **cessão temporária de bens e/ou serviços estimáveis em dinheiro**, com a demonstração de que o doador é proprietário do bem ou é o responsável direto pela prestação de serviços;
- *Crowdfunding*: instituições que promovam técnicas e serviços de financiamento coletivo por meio de sites da internet, aplicativos eletrônicos e outros recursos similares.

As doações financeiras de valor igual ou superior **a R$ 1.064,10 (mil e sessenta e quatro reais e dez centavos)** só poderão ser realizadas mediante **transferência eletrônica** (inclusive PIX) entre as contas bancárias do doador e do beneficiário da doação ou por **meio cheque cruzado e nominal.**

O QUE É O FINANCIAMENTO COLETIVO (*CROWDFUNDING*)?

A partir de **15 de maio** do ano eleitoral, é facultada aos pré-candidatos a arrecadação prévia de recursos nesta modalidade, mas a liberação de recursos por parte das entidades arrecadadoras fica condicionada ao cumprimento, pelo candidato, dos requisitos estabelecidos pela **Resolução do TSE n. 23.607** para a captação de recursos de campanha (art. 3º, I, "a" a "c").

COMO É FEITO O FINANCIAMENTO COLETIVO?

Primeiramente é necessário escolher uma **instituição**, dentre as aprovadas pela Justiça Eleitoral, para fazer o **gerenciamento dos recursos.** Aconselha-se que verifique o histórico da entidade arrecadadora, atentando para a transparência. Outros pontos relevantes: o custo das taxas administrativas, o que gira em torno de 3 a 20% do valor arrecadado.

A entidade deverá enviar as fontes de recebimento para a Justiça Eleitoral, o que facilita a prestação de contas.

Pré-candidatos podem começar a arrecadar **antes do registro.** Mas se não for efetivado o registro da candidatura, as entidades arrecadadoras deverão devolver os valores arrecadados aos doadores na forma das condições estabelecidas entre a entidade arrecadadora e o pré-candidato (art. 22, §5º). Cada uma das pessoas físicas receberá o valor que doou. Nessa modalidade, **dispensa-se** a emissão do recibo eleitoral pelo SPCE, sendo obrigatória a emissão de recibo específico para o doador pela própria entidade arrecadadora, para cada doação realizada. Posteriormente, todas as doações recebidas mediante financiamento coletivo deverão ser **lançadas individualmente** pelo valor bruto na prestação de contas de campanha eleitoral de candidatos e partidos políticos.

Importante: as entidades arrecadadoras precisam informar em tempo real os valores recebidos à Justiça Eleitoral. Candidatos e Partidos possuem o prazo de 72 horas. Por isso é essencial escolher uma empresa comprometida com o repasse das informações para o partido e candidato, para que apresentem devidamente as doações recebidas nos relatórios.

DOAÇÃO DE PESSOAS FÍSICAS

Pelo artigo 23 da Lei Eleitoral, **pessoas físicas** podem doar até o limite de **10% dos rendimentos brutos** auferidos no ano anterior à eleição. Se não obedecer a esse limite, a pessoa física terá de dar explicações, podendo ser aplicada multa.

Antes da reforma de 2015, as pessoas jurídicas também podiam ser multadas. Após a vedação completa do financiamento pelas empresas, sua eventual conduta passa a ser sancionada por meio da **representação por gasto ilícito**, na forma do **artigo 30-A**, também sujeitando o candidato à cassação.

A doação de quantia acima dos limites fixados neste artigo sujeita o infrator ao pagamento de **multa** no valor de até 100% (cem por cento) da quantia em excesso.

Fique atento: Em todos os tipos de doação (entre candidatos e entre Partidos e candidatos) é necessário sempre informar na prestação de contas quem é o doador originário. Muitas vezes, os partidos recebem doações de pessoas físicas e repassam para seus candidatos. Nesses casos, a prestação de contas deve informar quem foi a pessoa física que originariamente doou o valor. Não basta dizer que o dinheiro veio do partido. Apenas a título de curiosidade: o partido, nesse caso, faz uma declaração de autofinanciamento, mostrando que movimentos entre contas próprias, e identificando quem foi o filiado que fez a doação para o partido.

GASTOS ELEITORAIS

Desde as eleições de 2016, os limites para os gastos de campanha foram uniformizados em lei. Os valores estabelecidos no pleito de 2020 serão atualizados pelo Índice Nacional de Preços ao Consumidor Amplo (IPCA) (art. 18-C, da Lei nº 9.504/97) e divulgados pelo Tribunal Superior Eleitoral, cuja publicação ocorrerá até o dia 20 de julho (art. 4º, Resolução TSE 23.607). Os gastos de campanha por partido político ou candidato somente poderão ser efetivados a partir da data da realização da respectiva **convenção partidária**, observado o preenchimento dos pré-requisitos d o art. 3º, inciso I, alíneas "a" até "c" e inciso II, alíneas "a" até "c", da **Resolução do TSE n. 23.607**.

QUANDO COMEÇAM A SER CONTABILIZADO OS GASTOS ELEITORAIS?

Os gastos eleitorais efetivam-se na data da sua **contratação**, independentemente da realização do seu pagamento e devem ser registrados na **prestação de contas** no ato da sua formalização. Os gastos destinados à preparação da campanha e à instalação física ou de página de internet de comitês de campanha de candidatos e de partidos políticos poderão ser contratados a partir da data efetiva da realização da **respectiva convenção partidária** desde que, cumulativamente (art. 36, Resolução TSE 23.607):   1) sejam devidamente formalizados; e   2) o desembolso financeiro ocorra apenas após a obtenção do número de inscrição no CNPJ, a abertura de conta bancária específica para a movimentação financeira de campanha e a emissão de recibos eleitorais.

Como podem ser feitos os gastos eleitorais?

Os gastos eleitorais de natureza financeira, ressalvados os de pequeno vulto, só podem ser efetuados por meio de:

- Cheque nominal cruzado;
- Transferência bancária identificada, inclusive PIX (CPF ou CNPJ do beneficiário);
- Débito em conta; ou
- Cartão de débito da conta bancária.

Fique atento: é estritamente necessário que todas as origens do dinheiro sejam identificadas. Se essa identificação não é feita, ou feita de maneira deficiente, os recursos deverão ser imediatamente DEVOLVIDOS ao Tesouro Nacional.

Gastos de pequeno vulto

Gastos de pequeno vulto são as despesas individuais que **não ultrapassam** o limite de **meio salário mínimo**, cujo pagamento pode ser feito mediante constituição de "Fundo de Caixa" (art. 39 da Resolução). Este Fundo deve constituir **o máximo de 2% (dois por cento)** dos gastos contratados, vedada a recomposição. Os recursos destinados à respectiva reserva devem transitar previamente pela conta bancária específica de campanha, bem como o saque para a constituição do Fundo de Caixa deve ser realizado mediante cartão de débito ou emissão de cheque nominativo.

GASTOS DIRETAMENTE REALIZADOS PELO ELEITOR

Gastos diretamente realizados pelo **eleitor** são gastos com a finalidade de apoiar candidato de sua preferência. Qualquer eleitor pode realizar pessoalmente gastos totais até o valor de **R$ 1.064,10 (mil e sessenta e quatro reais e dez centavos)**, não sujeitos à contabilização, desde que não reembolsados. Nesta hipótese, o comprovante da despesa deve ser emitido **em nome do eleitor**. Bens e serviços entregues ou prestados ao candidato não representam os gastos acima e caracterizam doação e devem ser contabilizados (art. 43, **Resolução do TSE n. 23.607**).

Fique atento: os gastos eleitorais devem ser comprovados. Os gastos são rigorosamente analisados pela Justiça Eleitoral. É necessário apresentar documentos que comprovem os gastos. Não são necessariamente notas fiscais. Por exemplo: no caso de aluguel de sede de partido, o melhor documento será o contrato de aluguel. É útil também juntar documentos que comprovem que os serviços foram feitos, ou os bens foram devidamente utilizados.

SOBRAS FINANCEIRAS DE CAMPANHA

As contas bancárias dos candidatos serão encerradas no fim do ano eleitoral, em **31 de dezembro**. Se houver **sobras**, os recursos deverão ser repassados aos **diretórios** da circunscrição eleitoral do pleito. Por exemplo, um candidato a Vereador, deverá repassar ao Diretório Municipal tudo o que sobrar. Nesse momento, deve-se observar a **origem** dos recursos de sobra. Se são recursos privados, devem ser transferidos para a conta que leva o nome de "Outros recursos" do partido. Se sobraram recursos públicos do Fundo Partidário, devem ser depositados na conta que leva o nome de Fundo Partidário. Mas se sobraram recursos do Fundo Eleitoral, devem ser recolhidos via GRU para o Tesouro Nacional. Em todos os casos, o **comprovante da transferência** deve ser juntado na prestação de contas.

PRESTAÇÃO DE CONTAS

A prestação de contas é o ato que oferece os meios de fiscalização à Justiça Eleitoral. É uma etapa importante da campanha, cujo descumprimento ou eventuais irregularidades podem ensejar a **cassação do registro, do diploma** (caso eleito) e até a **inelegibilidade.** São sujeitos da prestação de contas:

- **Todos os candidatos**, inclusive os que tiverem renunciado, desistido, sido substituído e/ou com registro indeferido, mesmo que não tenham realizado campanha;
- **Todos os órgãos partidários**, de todas as esferas (nacional, estadual, distrital e municipal), ainda que constituídos de forma provisória e mesmo que não haja movimentação de recursos financeiros ou estimáveis em dinheiro.

ATUAÇÃO NECESSÁRIA DE ADVOGADO E CONTADOR

Segundo o art. 46 da **Resolução TSE n. 23.607**, a prestação de contas deve ser encaminhada por intermédio do **Sistema de Prestação de Contas de Campanha Eleitoral (SPCE)**, que fará automaticamente a autuação e a integração no **Processo Judicial Eletrônico (PJE)**. É obrigatória a constituição de advogado ou advogada para a prestação de contas. Além disso, a arrecadação de recursos e a realização de gastos eleitorais deve ser acompanhada **por profissional habilitado em contabilidade** desde o início da campanha, o qual realizará os registros contábeis pertinentes e auxiliará o candidato e o partido na elaboração da prestação de contas (art. 45, §§4º e 5º).

PRAZOS

O financiamento eleitoral é repleto de **prazos**. É preciso prestar muita atenção a eles:

- O candidato possui dez dias contados da concessão do CNPJ da campanha para a **abertura da conta da campanha**;
- 15 de agosto é o último dia para os partidos enviarem o **registro de candidatura**;
- Quando for gerado o CNPJ, começa o prazo de **10 dias para abrir as contas**;
- A prestação de contas parcial, entre os **dias 9 a 13 de setembro e 2024**, dela constando o registro da movimentação financeira e/ou estimável em dinheiro ocorrida desde o início da campanha até o dia **8 de setembro**, na forma do §4º do art. 47 da Resolução TSE n.º 23.553. Se houver inadimplência ou divergência, serão consideradas graves, podendo levar à desaprovação;
- As prestações de contas finais referentes ao primeiro turno de todos os candidatos e de partidos políticos em todas as esferas devem ser prestadas à Justiça Eleitoral até **3 de novembro de 2024**;
- Havendo segundo turno, devem prestar suas contas até **14 de novembro de 2024**, apresentando a movimentação financeira referente aos dois turnos;
- Além das parciais, os dados relativos aos recursos financeiros recebidos para financiamento de sua campanha eleitoral devem ser enviados via **SPCE em até 72 horas contadas do recebimento da doação.**

TABELA ANEXA 1: CANDIDATOS E CANDIDATAS POR PARTIDO

População do Município	Número de Vereadores	Candidatos Indicados	Candidatas (30%)	Candidatos (70%)*
Até 15.000	9	10	3	7
15.000 – 30.000	11	12	4	8
30.000 – 50.000	13	14	5	9
50.000 – 80.000	15	16	5	11
80.000 – 120.000	17	18	6	12
120.000 – 160.000	19	20	6	14
160.000 – 300.000	21	22	7	15
300.000 – 450.000	23	24	8	16
450.000 – 600.000	25	26	8	18
600.000 – 750.000	27	28	9	19
750.000 – 900.000	29	30	9	21
900.000 - 1.050.000	31	32	10	22
1.050.000 - 1.200.000	33	34	11	23
1.200.000 - 1.350.00	35	36	11	25

1.350.00 - 1.500.000	37	38	12	26
1.500.000 - 1.800.000	39	40	12	28
1.800.000 - 2.400.000	41	42	13	29
2.400.000 - 3.000.000	43	44	13	31
3.000.000 - 4.000.000	45	46	14	32
4.000.000 - 5.000.000	47	48	15	33
5.000.000 - 6.000.000	49	50	15	35
6.000.000 - 7.000.000	51	52	16	36
7.000.000 - 8.000.000	53	54	16	38
Mais de 8.000.000	55	56	17	39

*É possível a ideia do surgimento das chamadas "**quotas invertidas**", o que aumentaria a representatividade feminina nos pleitos eleitorais. É uma opção dos partidos, que podem lançar 70% de mulheres e 30% de homens para a disputa do cargo de vereador.

TABELA ANEXA 2: DOCUMENTOS NECESSÁRIOS AO REGISTRO DE CANDIDATURA

Documentos necessários	☐
Relação atual de bens, preenchida no Sistema CANDex;	
Fotografa recente da candidata junto a foto do(a) candidato(a) a vice; com os parâmetros: dimensões:	
161 x 225 pixels (L x A), sem moldura;	
profundidade de cor: 24bpp;	
cor de fundo uniforme, preferencialmente branca;	
características: frontal (busto), trajes adequados para fotografia oficial e sem adornos, especialmente aqueles que tenham conotação de propaganda eleitoral ou que induzam ou dificultem o reconhecimento pelo eleitor;	
Prova de alfabetização;	
Prova de desincompatibilização, quando for o caso	
Cópia de documento oficial de Identificação (R.G. ou C.P.F.)	
Certidões judiciais (Caso sejam positivas, são necessárias as certidões de objeto e pé atualizadas de cada um dos processos indicados, diretamente na vara em que tramita o processo):	
1. certidões criminais fornecidas pela Justiça Federal de 1º e 2º grau;	
2. certidões criminais fornecidas pela Justiça Estadual de 1º e 2º grau;	
3. certidões dos Tribunais competentes, quando os candidatos gozarem de foro especial.	

MODELO DE ATA DA CONVENÇÃO PARTIDÁRIA

Aos _____ dias do mês de ____. de 2024, às _____ horas, na Rua__________, n° _____, previamente convocados na forma do Estatuto, reuniram-se os convencionais do Partido (...) - (SIGLA) (qualificar os convencionais)________________, para o fim específico de deliberar sobre a seguinte ordem do dia: a) propostas de coligação; b) escolha de candidato a prefeito, vice-prefeito e vereador; c) sorteio do número com que concorrerão os candidatos; d) delegação à comissão executiva dos demais itens da pauta. Verificando a presença de quórum, o Sr. presidente declarou instalada a convenção e esclareceu como funcionariam os trabalhos, informando que havia uma proposta de coligação, a qual seria discutida e votada. Acrescentou o presidente que após escolha dos candidatos, realizar-se-ia o sorteio dos números com que concorrerão os candidatos escolhidos e, finalmente, discutidos outros assuntos. A seguir, leu a proposta de coligação: __________. Procedida a leitura da proposta o presidente prestou esclarecimentos sobre sua conveniência e convidou os convencionais para a votação secreta. Os convencionais assinaram a lista de presença e receberam a cédula de votação. Encerrada a votação o presidente convidou os escrutinadores a apurarem e após a verificação de todos os votos, sem qualquer impugnação ou protesto proclamou o seguinte resultado: __________.

Em seguida, ao outro item da ordem do dia, ou seja, escolha de candidatos a prefeito, vice- -prefeito e vereadores, informando que a chapa fora composta conforme descrito na cédula de votação: chapa única de candidatos na eleição majoritária e chapa de vereadores constituída da seguinte forma: Prefeito: ______.; Vice-Prefeito: ______.; Vereadores: ______; respeitando-se por oportuno a percentagem mínima de gênero, sendo 70% para homens e 30% para mulheres. Em seguida, foi procedida a chamada dos convencionais para ato de votação secreta e direta. O resultado foi: ______. Encerrada a votação o presidente passou ao sorteio dos números de candidatos, que ficaram com a seguinte composição (Nome – Número).

Nada mais havendo a tratar, foi lavrada a presente Ata que vai assinada por mim, que a secretariei e pelo Presidente do (Partido). (Assinatura do Secretário) __________ (cidade), ____ (dia) de (mês) de 2024.

Atenção: a assinatura dos convencionais deve anteceder o texto da ata em livro aberto e rubricado pela Justiça Eleitoral.

www.ingramcontent.com/pod-product-compliance
Lightning Source LLC
Chambersburg PA
CBHW040902260726
48664CB00025B/1305